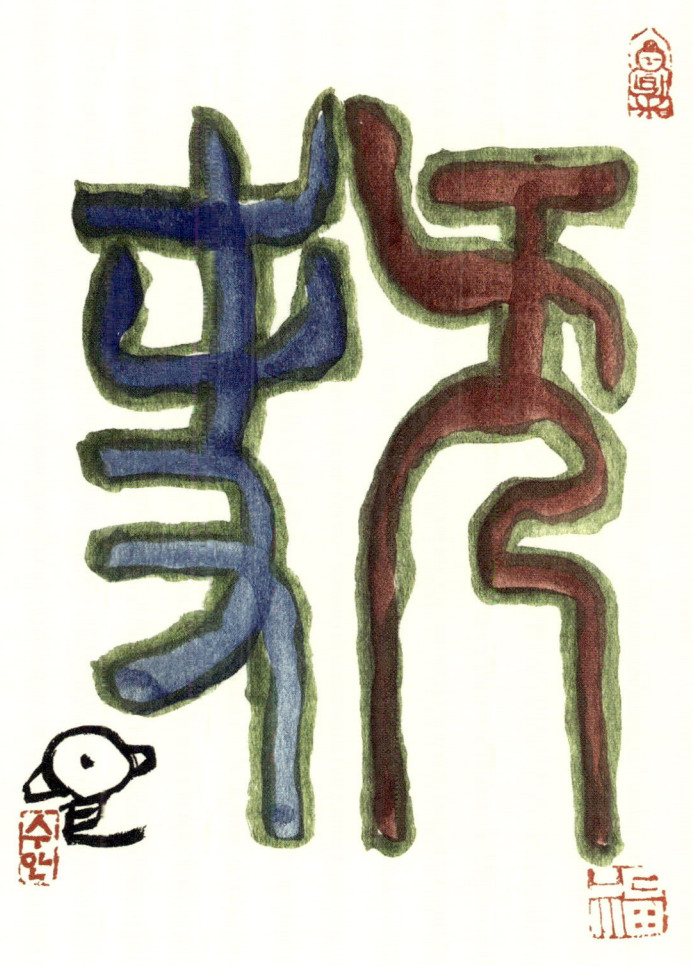

无事 : 상형문 '无'는 천지인이 모여 춤추는 모양으로 詩 쓰는 일이 '아무것도 하지 않는 최고의 일'임을 보여준다

수촌 장동범 여덟 번째 시집

무사 无事

도서출판 두손컴

| 서시 |

무명시인

호랑이는 죽어 가죽을 남기지만
가죽 때문에 조선의 호랑이 씨가 말랐고
사람은 죽어 이름을 남긴다지만
이름 때문에 명을 재촉한다

하오나 이름 없는 시인은
남길 가죽도, 이름도 없어
오늘도 자유로이 시의 숲 거닌다

서시 · 07
- 무명시인

1부

무사无事 · 15
끼니 · 16
식구 · 17
감자 · 18
스케이팅 · 19
생업 · 20
야쿠르트 아지매 · 21
낙천樂天 · 22
우이령 · 23
제 자리 · 24
붓다와 茶 · 25
휴休 · 26
면벽 달마 · 27
빈 배 2 · 28
하구에서 · 29
꽃길 · 30
나그네 · 31
노송 · 32
닥터피쉬 · 33
두두물물 · 34

2부

와룡매 · 37
별목련 · 38
곡련 독백 · 39
벚꽃 · 40
왕벚꽃 · 41
수선화 · 42
달개비꽃 2 · 43
낮달맞이꽃 · 44
동백 · 45
강아지풀 · 46
배롱나무 · 47
비비추꽃 · 48

은목서 · 49
후박나무 · 50
왕버들 · 51
신갈나무 · 52
홍단풍 · 53
은행나무 · 54
꽃무릇 · 55
낙화 이후 2 · 56

3부

아버지 · 59

쑥개떡 · 60

웃는 영정 · 61

부부 · 62

부재 · 63

운명 · 64

산비둘기 · 65

실시失矢 · 66

거미줄 · 67

공친 날 2 · 68

손톱 발톱 깎으며 · 69

허, 허, 참 · 70

손주 · 71

수염 · 72

길에서 · 73

콧물 · 74

백화점 명품점 · 75

어떡하지 · 76

몸 스승 · 78

그 집 · 80

4부

즉물시-1 휴지 · 83
즉물시-2 미루나무 · 84
즉물시-3 들장미 · 85
즉물시-4 수국 · 86
즉물시-5 매미 · 87
즉물시-6 맥문동 · 88
즉물시-7 겨울나무 · 89
즉물시-8 오리나무 · 90
즉물시-9 가랑잎 · 91
문제시-1 스프링 · 92
문제시-2 사이비 · 93
문제시-3 고통 · 94

문제시-4 수수께끼 · 95
아파트 공화국 · 96
적결보궁에서 · 97
혹詩 · 98
너에게 묻는다 · 99
버닝썬 패러디 · 100
피로사회 · 101
세 바보 · 102
역설 · 103

5부

새 · 107
산책 · 108
오월 · 109
매미 5 · 110
뻐꾸기 · 111
처서 근처 2 · 112
가을 하늘 · 113
가을 편지 · 114
늙은 길고양이 · 115
까치집 · 116
산비둘기 2 · 117
11월 · 118
12월 · 119
존재와 무無 · 120
중력 · 121

평화시-1 새소리 · 122
평화시-2 도은트 수로 · 124
환경시-1 쓰레기를 버리며 · 126
환경시-2 인류문화유산 · 127
환경시-3 반성 · 128
무사無事 2 · 129
옛집 · 130
이야깃거리 · 132
에밀리 디킨슨 · 134
나 시인 · 136
청송에서 · 138

군말 · 141
- 詩, 일없이 쓴다

1부

무사无事

끼니

아,
갈치 굽는 냄새

물가 왜가리
목 빠진다

식구

씹고 뜯고 훑고 빨고

게걸스럽게 먹어도
허물없이 서로 웃는

감자

울퉁불퉁
가난하지만 튼실했던
돌담마을 형제들

스케이팅

세상은 살얼음판
다만 휘—익—
스쳐 지나갈 뿐

생업

새벽 산책길 네거리에
손님 기다리는 빈 택시들
졸음 겨운 운전기사
눈 마주치기 민망하네

야쿠르트 아지매

까꼬막
허리 곧추세워
전동차 모는 아지매
'메멘토 모리!'* 외치며
노예 뒤따르는
개선장군보다 당당하다

* 개선하는 로마 장군들이 포로인 노예들에게 "죽음을 기억하라!"
  외치며 뒤따르게 했다.

낙천樂天

비 내리는 저녁
시장통
돼지국밥 곁
말없는 소주가 건네는
마음의 잔, 낙천!

우이령

오월의 푸른 산
먼 데 뻐꾸기 울음
잘 다져진 흙길에
아카시아 향기 짙었다

며칠째 떠나지 않은
우이령길 생각

늙어가는 아내와
불혹 넘긴 아들
함께 했음이라

제 자리

바람 잔 날
조용히 앉아
향 사르고 차 우린다

향 연기 곧게 올라
허공으로 사라지고
따끈한 차 목젖 적시며
속 가라 앉힌다

제 자리에 있을 때
만물은 아름답다

붓다와 茶

중성은
다만 입으로 마셔
줄고

붓다는
빙그레 눈으로 마셔
줄어들 줄 도르네

휴休

쉿!
잎 떨군 겨울나무들
묵언정진 중

멋쩍은
곰솔 굽은 허리에 기대
휴– 편안하다

면벽 달마

자다
깨어 앉아
우두커니
창밖 어둠 톤다

예가 어디지?

빈 배 2

해무 옅은 아침 바다에
빈 배 한 척
미풍에 건들건들

묶인 줄 풀려
저 대로 수평선 넘어가면
잘 가는 것인가?

하그에서

굽이굽이 흘러온
길손이여,
마침내 이르렀구려

드넓은 바다와 몸 섞어
이내 대동세상 이루리

꽃길

꽃구름

꽃그늘

꽃비

지나고 보니
꽃길

나그네

말복 지난 숲에 드니
매미들의 거대한 울음바다
아래로 고단한 몸 가라앉는다

여름 한철 치열하게 산
수선자修蟬子들의 회향廻向
조금도 서럽지 않은데

잠시 머물다 가는
나그네 등줄기에
서늘한 기운 흐른다

노송

통도사 극락암 초입에
줄지어 하늘 향한 노송
극락에는 길 없다는 말씀에
꿈틀대며 곧장 승천할 듯

닥터피쉬

꼼지락, 꼼지락
톡, 톡
꼼지락, 톡
꼼지락, 톡

잡식동물 발가락
물의 집 미물
자리기타自利利他의 교감

두두물물

두두,
발 아래
개미들 줄지어
한 구멍 서로 오가지만
질서 정연하고

물물,
발 아래
모래끼리 어울려
파도 쌓고 쓸어도
빈틈 있어 편안하다

2부

와룡매

해마다
윤회하는
고행의 꽃

속 비워
피골상접한 모습
차마
꽃만 못 보겠네

별목련

입춘 지나
오랜 그리움
가녀린 우듬지로
허공
꽉, 움켜쥐네

목련 독백

어, 벌써 지네!

내년 봄에 보자고?

기약 없는 몸일세

벚꽃

가냘픈 다섯 잎
한 송이로도 족한데
팝콘 튀기듯
마구 피어 올리는구나

이내
떨어져 휘날릴걸

왕벚꽃

가는 봄 아쉬워
늙은 몸에
아른아른 분홍 속살
겹겹이 피어 올려

마음마저 늙었으랴
제 무게에 휘―청 한다

수선화

두어 뿌리에서
하루 다르게 자라는 연초록 줄기
밤새 피는 샛노란 꽃잎

2,500원에
새봄 집에 들였다

달개비꽃 2

삶이 무료한 나날
산모롱이 풀숲에서 문득 만나거나
대단지 아파트 빈터
폐차 적재함에 잊은 듯 피어나는

누구나
가슴에 남아 있는
첫사랑 같은 꽃

낮달맞이꽃

용케 살아남았구나
아침 산책길
낮달맞이꽃

예초기 날도
움찔,
어쩌지 못한
여리지만 강한

동벽

태풍에
열매 서너 알
바닥에 나뒹굴어도
씨, 앙 다물었다

세상에
어쩌지 못하는 일 있다

강아지풀

비바람 속에도
떼 지어 짓까불었으나
천진난만 꺾이지 않았다

배롱나무

푸른 것도 자루하시죠
조금만 기다리세요
붉은 꽃, 뒤늦은 애일愛日*로
백일쯤 점점이 피어나
늙은 자식 재롱 볼 겁니다

* 늙은 부모에게 효도하기 좋은 날이란 뜻.
  농암 이현보의 고택엔 애일당이 있다.

비비추꽃

무더위 한풀 꺾인
휴일 오전
도심 공원 길에서
마주친 비비추꽃

몸은 늙어가도
목덜미 유난히 하얀 소녀
기억하는
한 소년이 산다

은목서

아득한 향에
옛 젓 그리워
애먼 늙은 나무
품 파고든다

후박나무

봄부터 식솔 건사하느라
부쩍 여윈
몸 아래 드니
어제 내린 빗물
입적한 스님 법문처럼
후두둑, 떨어진다

왕버들

꽃들 속절없이 지고
무료한 봄날
훌쩍 떠난
1억4천만 년 전 우포늪

늪 가장자리 늙은 왕버들
속 비우고 꾸부정히 서서
온몸으로 계르록戒老錄 말한다

신갈나무

가까운 산 들머리
이름표 단 신갈나무

이름 아랑곳없이
누군가
하염없이 기다리고 있다

나무[南無] 신갈나무

홍단풍

세상만사 제 마음 같아서
단풍은 으레
가을에 물드는 줄 알았는데

청단풍은 가을에 붉고
홍단풍은 봄부터 붉다

어쩌겠는가
타크 난 성질이 그런 것을

은행나무

잎 진다
우수수
노란 잎 진다

인간 이전부터
인간 이후까지

성근 흰 머리
서럽다

꽃무릇

몸이 꽃인 적 있었다

몸이 꽃인 꽃들끼리
붉게 모여
주위 환한 적 있었다

온몸이 꽃인 줄 모르고
아쉽고 그리운 정에
마음 시린 적도 있었다

그러다 잎 나기 전
꽃잎마저 시들자
이내 잊히고 말았다

청춘은 그렇게 지나갔다

낙화 이후 2

후유–
끝내 지고 말 것을
또 설레었다

3부

아버지

막내아들보다 젊은 나이에
꽃상여 타고 가셨다
할머니 곁으로

쑥개떡

고향 땅 흙으로 돌아간 어머니
언젠가 홀로 지내시던 촌집 마당
봄볕 아래 시나브로 캔 쑥
오늘 아침 식탁에 올랐다

차진 쑥개떡 한 조각에
나이 든 자식이라도
어찌 그립지 않을까
울컥, 목멘다

세상에 마지막 남기신 쑥개떡
먼 하늘 보고 꼭, 꼭, 씹으며
오래전 모정 이어준
지나가는 봄이 고맙다

웃는 영정

영정이 웃고 있다
몸 떠난 줄 모르고

향 사르고
술 한 잔 올린 뒤
다시 보니
나를 향해 빙긋이 웃는다

부부

같이 늙어가며
오늘도 마주 보고
느긋하게
아침밥 먹고 있다

가만히 생각하니
언젠가 헤어질 처지
기막힐 노릇이다

부재
― 치에코 회상*

한 늙은 남자
난토 앞에서
나두 조각 다듬다 말했다
이 조각 어때?

주위에는 아무도 없었다

* 타카무라 코오타로(高村光太郎) 단편『智慧子抄』

운명

어찌 알았겠는가?
고속도로 중앙분리대 넘어
날아오는 트럭 바퀴*

세상에
피할 수 없는 일
어디 이 뿐이랴?

* 2024년 2월 25일 경기도 안성 경부고속도로에서 일어난 사고로
  관광버스 운전사와 승객 등 2명이 죽고 13명이 다쳤다.

산비둘기

산비둘기 구구구구
술꾼서방 일찍 가고
먼산에서 구구구구
외동아들 앞서우고
앞산에서 구구구구
내 혼자서 우째 살꼬
뒷산에도 구구구구
외로워서 못 살겠네
온산에서 구구구구

실시失矢

누가 쏘았나
시위 떠난 살, 살

과녁 모르니
매양 허공 가르다
제 풀에
툭, 툭, 진다

거미줄

오, 허공에 지은
아름답고 슬픈
삶과 죽음의 집이여!

공친 날 2

허공의 집에 움츠린
독거노인
추적추적 비 맞으며
빈집 지키고 있다

원도심 조용한 골목
만만한 날 것들
모두 칩거 중이다

산 입에 거미줄 쳤지만
마냥 쓸쓸한 일 아니라는 듯
씨줄 날줄 성근 얼개에
방울방울 구슬 맺힌다

손톱 발톱 깎으며

수평선 보이는 창가에서
똑끈, 못생긴 발톱 깎고
시나브로 자란 손톱
마저 깍똑, 깎는다

엊그제 세상 떠난 친구
한 줌 재로 바다에 뿌려지고
내 몸 몇 조각 휴지통에 버린다

사는 동안 허전하면
손톱 발톱 깎을 것이다

허, 허, 참

허, 허, 참
노회찬이 세상 버렸다

내 발등 찧은 것보다
더 아팠다

허, 허, 참
이 사람, 노회찬!
그깟 양심 몇 푼어치라고

손주

오면
반갑고

가면
더더욱 반갑단다

수염

시름겨운 일 있으면
없는 손주 아이에게
상투 잡히고픈 심정으로
수염 기른다

즈음 잠결에
관세음보살 나타나
"병고로 양약 삼으라"*기에
눈 가만히 떠보니
마주 잠든 아내 얼굴
빙긋이 웃는다

* '보왕삼매론' 첫 장

길에서

톡, 톡,
벚나무 가로수 잎에서
허름한 내 우산 위로
하늘이 노크한다

뚝, 뚝,
코로나 팬더믹 강
잘 건너고 있냐고

콧물

추운 날 아침
따신 밥 먹다 흘린 콧물
아내가 빤히 보고 웃는다

문득 떠오른
얼굴 모르는 한 남자

학창 시절 아내
겨울 바다 양과점 난롯가에서
함께 갔던 남학생
말간 콧물 맺힌 걸 보고
다시 만나지 않았다 했다

운명은 콧물처럼
자기도 모르는 사이
바뀔 수도

백화점 명품점

백화점 명품점 들어서니
미녀라는 미녀 사진 모조리
수염 더부룩한 풋늙은이에
은근한 눈길 보낸다

허, 허,
미안하지만 어쩔 수 없네
두리 번거리며
찾는 곳은 해우소

어떡하지

한낮 더위 피해
새벽 오솔길 나섰더니
서늘하고 촉촉한 풀섶
기어이 기어 나온 지렁이들
어떡하지

메마른 길에
꼬인 실타래처럼
몸부림 흔적
걸음걸음 조심스럽다

이윽고
해수관음처럼 내려 보던 한 노인
꼬챙이로 성한 것들 풀섶에 되돌리건만
널브러진 주검 끝없다

가엽게 여기는 마음도
무심코 스치는 마음도
풀섶 나선 어리석음
어떡하지

몸 스승

아침 산책길 저 노인
얼마 남지 않은 길 늘리듯
천천히 걷다가
양지바른 돌 위에 몸 앉힌다

짐작컨대 젊은 나날
뒤돌아볼 새 없이
앞만 보고 달려왔을 것이다

길 주름 잡듯 바삐 왔으므로
종착지 어딘지 모르고
몸이 이미 늙었으므로
천천히 걸을 밖에

한 걸음 한 걸음마다
숨차고 힘들어도

움직여야 생기 돌므로
천천히 남은 길 간다
가다 쉬었다 한다

아침 산책길 저 노인
가까운 미래의 내 모습
몸으로 보여주는 스승

그 집

오늘 아침도
재건축 아파트 단지
1층 베란다에
낡은 의자와 테이블 곁
붉은 꽃 화분 놓였다

아직
아름다운 노인이 산다

4부

즉물시-1 **휴지**

더럽혀져 버팀받아야
완성되는 물성物性

초야 앞둔 신부처럼
안존하다

즉물시-2 미루나무

늙을수록 정정하고
늠름한 기상 부러워
밑동 품에 안겨
우듬지 아득히 올려본다

즉물시-3 들장미

초록 캔버스 위
흩뿌린
핏빛 점 점 점
누굴 향한 마음인가?

즉물시-4 수국

불면 날아갈세라
꾹꾹 뭉친
붉고 푸르고 흰
꽃잎 주먹밥

주룩주룩
장맛비 무게 더해
허기진 자식들 올 때까지
간당간당 견디고 있다

즉물시-5 매기

장대비 뚫고 날아온
선사禪師의 화두
삶의 환희인가, 절규인가

몸 벗은 허물 앞에
나의 허물 두꺼워
긴 장마 속에
옴짝달싹 못 하고 있다

즉물시-6 맥문동

왕자표 범표 말표 기차표
신발 만들던
순이 옥이 숙이 자야

뿌연 고무 가루 분진 속
대낮에도 불 밝혀 일하고
버스 토큰 츄잉껌 산 것까지
가계부에 알뜰히 적었던
생리불순 주경야독의 누이들

그 얼굴 얼굴 잊힐세라
이끼 낀 계절
세상 낮은 자리에서
말갛게 어울려 피어났다

즉물시-7 겨울나무

찬 하늘 아래
허례허식 떨치고
시린 알몸으로 한 철 나도
한 점 부끄러움 없으리

즉물시-8 오리나무

오리나무가 서 있다

오리五里 마다 심었다기에
눈여겨 보았는데

오리나무는
오리나무가 아니라
오리나무라 부를 뿐이라 한다

오리나무가 서 있다

즉물시-9 **가랑잎**

초겨울 산길에
잘 여윈 가랑잎들
무심한 발길에
바스락, 바스라진다

저리 수이 돌아가다니!

문제시-1 스프링

다음 중 당신의 스프링은?

① 봄 ( )
② 용수철 ( )
③ 샘 ( )
④ 도약 ( )

문제지-2 사이비

다음 중 '비슷하지만 아닌 것'은?

① 에이스 ( )
② 시몬스 ( )
③ 에몬스 ( )
④ "침대는 과학" ( )

문제시-3 **고통**

다음 중 당신의 고통은?

① 생 ( )
② 노 ( )
③ 병 ( )
④ 사 ( )

문제시-4 수수께끼

다음 중 당신이 아는 것은?

① 어디서 왔는지? ( )
② 내가 누군지? ( )
③ 어디로 가는지? ( )
④ 언제 가는지? ( )

아파트 공화국

억 억 억 억 억 억
억 억 억 억 억 억
억 억 억 억 억 억
억 억 억 억 억 억
억 억 억 억 억 억
억 억 억 나 **억 억**
억 억 억 억 억 억
억, 이웃도 모르고

적멸보궁에서

한
계단
한 걸음
애써 올라
휴– 텅 빈 쪽
향해 좌정하니
내 안 바로 거기

혹詩
- 고은의 '그 꽃' 패러디

내려갈 땐 보았나?
올라갈 때 못 본
그 꽃

너에게 묻는다
- 나태주의 '풀꽃' 패러디

자세히 보니 예쁘다고?
오래 보니 사랑스럽다고?
너도 그렇다고?

버닝썬 패러디

* 핵심단어 : 금수저, 연예인, 마약, 성범죄, 탈세, 공권력 유착
* 주문 : 관음증 환자 주의

성인물 -〉 물병
이거 진짜 죽임 -〉 죽
김하나 전신 노출 -〉 김 한 장
무삭제 동영상 -〉 무가 사라짐

피로사회*

일찍 일어나는 새가
더 피곤하다
    – MZ 세대

내 힘들다 ↔ 다들 힘내
→ 다들 힘들다

---

* 한병철(재독 철학자) 저서

세 바보

바보 1 : 다이도 바이다!

바보 2 : 보음다 이거든!

바보 3 : 두이 다 바이보이다!

역설

"노병(老兵)은 죽지 않고 다만 사라질 뿐"[*]
→ 노병(老病)은 죽어 다시 태어난다

[*] D. 맥아더 장군 토 임사 중

5부

새

조용한 골목길
교회 첨탑에
새 한- 마리 앉았다

지나던 사람
동그마니 앉은 새
위태하게 쳐다 보다
순간, 비틀거린다

산책

바닷가 곰솔밭 아래
나뒹구는 솔방울들
돌담길 옛 동무들
놀이하자 조르듯 빤히 본다

그 솔방울들
툭, 툭, 차며 지나니
등 뒤로 까르르–
내 안의 소년 되살아난다

오월

재개발 아파트 울에
붉은 덩굴장미
흐드러지게 피어났다
사이사이 영산홍, 찔레꽃도

이밖에 무욕無欲의 오월
어떻게 표현하랴

매미 5

한여름
뙤약볕 아래
잠시 울다 간
시인의 허물

뻐꾸기

뻐꾸기가 운다
뻐꾹— 뻑뻑국— 운다

소서 지난 뻐꾸기 울음에
가까운 산
숲 짙푸르고
얕은 계곡도 깊어진다

처서 근처 2

귀뚤? 귀뚤?

그래, 듣고 있어

귀뚤! 귀뚤!

그래, 그래
또렷이 듣고 있어

어깻죽지 서늘한 새벽
베갯잇에 스며드는
가을이 오는 소리

가을 하늘

빗물 괸 산책로에
흰 구름 흘러가니
하늘이 물끄러미
제 얼굴 내려다 본다

이슬에서 바다까지
온 세상 거울에 비친
천진견목

가을 편지

깊어가는 가을 아쉬워
가까운 산 둘레길 모롱이 돌자
늙은 벚나무 반갑다는 듯
곱게 물든
편지 한 장 떨어뜨린다

늙은 길고양이

늦가을 오전
길모퉁이 양지 녘에
늙은 길고양이

탁발 시식$_{托食}$ 느긋한 양
허연 배 깔고서
이리 뒹굴 저리 뒹굴 한다

까치집

한겨울
메타세쿼이아
앙상한 가지 끝에
아슬한 집 한 채

얼기설기 성글어도
허허실실
삭풍이 울고 가니
에펠도 울고 가겠다

산비둘기 2

추운 날
산길에서 간난 산비둘기
검보라색 목덜미
아침 햇살에 반짝인다

"아이고, 뭐 좀 뭇나? 길 좀 가자"
나도 모르게 어머니 말 한다

11월

꽃향유 피어나고
한 장 달력 남았다

뚜벅뚜벅 걸어온 길
낙엽처럼 돌아보지 말자

잎 떨군 숲속 나무들
마주 보고 숙연하면
말없이 남은 길 갈 뿐

고개 마루 이르거던
잠시 쉬었다 가자

꽃향유 피어나고
한 장 달력 아직 남았다

12월

까마귀들
빈 가지에 위태롭게 앉아
물끄러미 굽어본다

풍경 위에 겹친
찢어진 검정 비닐
찬 바람에 휘날린다

존재와 무無

한때
행인 잠시 쉬며
고둥 까먹고
남은 길 갔다

천지개벽 후
그 자리
고둥 껍데기만 남았다

중력

백 년 전에는
꿈도 못 꾸었을 날틀*타고
아무리 높이 날아도
마음은
구름 아래 땅에 묶여
마침내 쿵, 내려앉고 만다

우리는 땅에 매여 산다

* 비행기의 순우리말

〈평화시-1〉

새소리

휘욧 휘욧 휘이 찌이~
눈부신 봄 햇살, 적막하다

찌잇 찌잇 찌이~
뚱뚱한 젊은이와 깡마른 중년 남자의
낯선 한낮 데이트

삐익 삐익 삐이익!
한반도 허리께 널문리
맑은 하늘색 도보다리에서
새소리 사이사이 입술 말한다

끼 끼 끼 끼~
금단의 땅에서 자유로운
청딱따구리나 되지빠귀 산솔새
직바구리 곤줄박이 박새가 노래한다

파블로 카잘스의 새들처럼
쯔~잇 찌! 쯔~잇 찌!
평화! 평화!로 들린다

〈평화시-2〉

도은트 수로*

한반도 남녘 가마메**에
세상에서 한곳 뿐인
유엔군 전사자 묘역 있다

그 묘역 가로질러
17세 전사자 기린 작은 수로 흐르고
물고기들 한가하게 노닌다

꽃다운 나이에 스러진
이국의 소년 병사는
과연 먼 나라 이념전쟁 알았을까?

홍안의 소년 가고
빗돌에 새긴 숱한 전몰자들 말 없는데

한반도 허리 동강 낸 휴전선에
강산이 일곱 번 바뀌어도
전쟁 끝날 줄 모르고

잘 가꾼 묘역 둘러싼 공원 위
흰 구름만 평화롭다

* 유엔묘지에 안장된 호주 출신 최연소 전사자 성을 딴 수로
** 부산의 한글식 지명

〈환경시-1〉

쓰레기를 버리며

비우고 버려도
쌓이고 쌓이는

채우고 채워
허전한
욕망의 찌꺼기들

흙물불공기…
흔한 게 귀한 줄 모르고
함부로 쓰고 버리다

마침내
한 숨 찰라
세상 마저 버린다

〈환경시-2〉

인류문화유산

태평양 한 가운데
한반도 수십 배 크기
거대한 쓰레기 섬들
떠 다닌다고

바다 생물에
아비규환 지옥의 섬
떠 다닌다고

대멸종 후 보여줄
인류문화유산

〈환경시-3〉

반성

어릴 적 비 오는 날
마루 끝에서 마당의 지렁이 향해
뜨거운 오줌발 쏘았다가
흙의 마술사 괴롭힌 일로
거시기 퉁퉁 부어올랐고

쌀 한 톨 짓지 못하는
철든 때도 당연한 듯
입고 먹고 싸고 쓰고 자는
자리마다 더럽히고 어질러왔다

따라 다니며 치워도
감당 못 할
지구별에 지렁이만도 못한
똥자루의 업보, 어이 할꼬?

무사无事 2

이른 아침
작은 새 한 마리
화살나무 가지 끝에
동그마니 앉아 있다

외롭지 않니?
가만히 다가가 묻자
꽁지 쫑곳쫑곳
고개 갸웃갸웃 하다
포로롱 날아갔다

그 뿐

옛집

가까스로 들머리 찾아
미로 같은 골목길 돌고 돌자
듬성듬성 키 낮은 돌담 용케 남아 있고
마침내 발걸음 멈춘 곳

백여 평 너른 마당에
제비 드나들던 삼칸 초갓집
좌우로 늙은 감나무 시립하고
사철 마르지 않는 우물과
두레박 매여놓던 박태기 나무와
뒤 뜰 청포도 한 그루와
앞뒤 남새밭에
푸릇푸릇 꿈 키우던 옛집
이층 블록 더미에 온통 파묻혔다

경남 마산시 교방동 136번지
10여 년도 더 지난 지금
다시 거대한 콘크리트 아파트 단지로
지명 마저 바뀌었겠다

나고 자란 고향은
저마다 추억 속에 남아 있고
기억마저 희미해지면
우리 모두 고향 잃은 실향민

이야깃거리

서울 나들이 오랜만에
옛벗들 만나 반주 겸 저녁 먹고
찻집 귀천* 들러 차 한잔하며
사는 얘기 하다
기어이 정치 얘기 나왔다

시큰둥, 시선 바깥으로 돌렸더니
이색 간판 눈에 띈다

종교 이야기하지 말자
정치 이야기하지 말자
군대 이야기하지 말자
여자만** 얘기하자

늙어가며 마누라 겁나
여자 얘기마저 쉽지 않은데

사람 사는 세상 무슨 얘기 할까

정치 이야기 제대로 하자
종교 이야기 제대로 하자
군대 이야기만 말고
인성 얘기도 좀 하자

* 故 천상병 시인 쿠인이 하던 찻집
** 여수 앞바다 만(灣) 이름

에밀리 디킨슨

에밀리 하면 브론테,
찰스 하면 디킨스만 알았는데
에밀리 디킨슨이라는 시인도 살았다

영혼은 자신의 것이라며
지옥 못 피하면 견딜 거라며
종교도 결혼도 포기하고
40년간 새벽에 쓴 시 1,800편
44권 시집으로 직접 엮은
여류시인 있었다

그 에밀리 디킨슨
"죽음을 위해 내가 멈출 수 없기에
친절하게도 죽음이 날 위해 멈추었다"며
죽음조차 시로 맞았다

온통 시의 바다인 세상에
참으로 많은 시인들 태어나
참으로 많은 시 쓰고 갔다

나 시인

나는 시인이다
비록 돈 안 되는 시를 쓰지만
만약 직업 시인*이었다면
처자 권솔은커녕
한 몸 건사도 어려웠으리

그냥 시인이기에
꽃처럼 여린, 더위처럼 처진
낙엽처럼 허름한, 추위처럼 썰렁한
시 여전히 쓰고 있다

하여 젊은이들이여
돈 안 되는 시 애써 쓰지 마시라!
쓰지 않고는 못 배기는 시마詩魔가
심신마저 갉아먹을지니

간절하지 않은 시업詩業이라면
늘그막에 하릴없는 무명시인들
소일거리로 맡겨놓기를

* 시인은 한국에서 가장 가난한 직업(한국고용정보원)

청송에서

청정은 먼바다에만 있는 게 아니었다
검푸른 바다에 떼 지어 유영하는
고래등 마냥 산들 꿈틀대며
굳센 줄기 이루는 백두대간 속
푸른 소나무의 바다,
겨울 청송은 청정함 자체였다

산골로 들어간 오랜 친구와
세상 사는 얘기 나누며
주왕산 가는 길 내내
나의 시선은 그러나
굽이굽이 산길 따라 곡선 이루는
산등성이 실루엣 쫓고 있었다

어디 청산별곡의 소망이
가인佳人과 자연 속 청빈한 삶이라면

한반도 노년기 산들의 오목한 계곡과
잘록한 등허리, 젖무덤 봉오리처럼 원만하랴

작금의 세태에
늘 푸른 소나무 같은 지조 보기 어려우나
팔순노구로 우리 정신의 주체 찾아
고즈넉히 궁리한 일연 스님 발자취 찾아
인각사 근처 헤매다 지칠 즈음
그단 청송 산길로 접어들며
자연에 병든 고운 마음쯤 짐작했었다

한때 광교산 자작나무 숲에서
벌거벗은 겨울나무의 정직함 노래해
오태 뭇 시섬 샀던 노시인이나
이 나라 예능의 중앙 독점 권력과 문단 횡포
필마단기 시골검객의 도도한 객기로

일도양단해 청량감 불러일으켰던
광대패의 재인도 마침내 마침내는
허옇게 센 머리 주억거리며
저잣거리 주리틀림 당하는 꼴
청송의 솔숲에서 차마 씻지 못했다

이윽고
주왕산 우람한 개골 바위 마주하자
소나무 잔가지 꺾고, 귓불 애며
몰아치는 계곡 칼바람은
그 누구도 아닌 나를 향해
탐진치 삼독 씻고
푸르고 맑게 살라, 울고 있었다

| 군갈 |

詩, 일없이 쓴다

 창작 지원금이라는 것을 처음 신청하며 붙인 시집 제목 '무사無事'가 그만 화두가 되고 말았다. 사전 뜻은 '아무것도 하지 않는 것', '일없이 편안함' 정도이나 전자는 선가禪家의 말로는 "그 뜻을 일천 성인도 알지 못한다" 한다. 하긴 한가하게 있는 것 조차 유위有為이다.

 내 돈은 아니건만 누군가엔 요긴하게 쓰일 나랏돈이기에 '구렁이 알 같은' 지원금 헛되지 않게 7년 만에 내는 여덟 번째 개인시집에 정성을 들였다.

 제목 중 없을 무無는 춤추는 사람 형상의 상형문 '无'로 썼다. 필순대로 천지인이 모여 덩실덩실 춤추는, 시 쓰는 일이 '아무것도 하지 않는 최고의 일' 아닐까. 늙어가며 "구하는 것 모두 괴로움이니 일 없음만 못 하다"(有求皆苦 不如無事)는 서산대사의 말 새긴다.

또 졸시도 쓰다 보니 제목 정해지는 것이지, 제목부터 정해놓고 쓰는 시는 드물다. 비록 이름 없는 시인이지만 말씀[言]을 기다리거나[待] 말씀의 절[詩] 한 채 짓는 건 어쩔 수 없는 일 아닌가?

 짧은 시편이 주류이나 이름하여 즉물시, 문제시, 패러디 등 실험이나 형상, 인용도 눈에 띌 것이다. 미완의 내 언어에 대한 공부하는 과정으로 이해와 지도 바란다.

 부족한 글 평해 달라는 염치 없어 끝에 사족으로 시집 내는 말 대신한다. 다시 원용하지만 "시를 읽고 쓰는 일이 세상에서 가장 죄 없는 일"[事無邪]이다.

— 용띠 해를 여섯 번째 맞은 2024년 6월
无事라 쓰고 일없다로 새긴다. 얼쑤, 일없다!

수촌 장동범 여덟 번째 시집

무사 无事

초판 1쇄 인쇄 | 2024년 6월 10일
초판 1쇄 발행 | 2024년 6월 20일
지은이 | 장동범
펴낸이 | 최장락
펴낸곳 | 도서출판 두손컴
주   소 | 부산광역시 부산진구 부전로 35, 301호(부전동, 삼성빌딩)
전   화 | (051)805-8002   팩스 (051)805-8045
이메일 | doosoncomm@daum.net
출판등록 제329-1997-13호

ⓒ장동범 2024
값 12,000원

ISBN 979-11-91263-65-7 03810

* 저자와 협의에 의해 인지를 생략합니다.
* 잘못 만들어진 책은 바꾸어 드립니다.

본 도서는 2024년 부산광역시, 부산문화재단 〈부산문화예술지원사업〉으로 지원을 받았습니다.